NADA MAIS MALDITO QUE UM AMOR BONITO

EVERTON BEHENCK

BERTRAND BRASIL

1ª edição

Rio de Janeiro | 2019

Copyright © Everton Behenck 2019

Capa: *Thiago Andrade Francisco*
Projeto gráfico de miolo: *Renata Vidal*
Imagem de capa: *Ricardo Barcellos*

Texto revisado segundo o novo Acordo Ortográfico da Língua Portuguesa

2019
Impresso no Brasil
Printed in Brazil

CIP-BRASIL. CATALOGAÇÃO NA PUBLICAÇÃO
SINDICATO NACIONAL DOS EDITORES DE LIVROS, RJ

B365n

    Behenck, Everton
        Nada mais maldito que um amor bonito / Everton Behenck. - 1. ed. - Rio de Janeiro : Bertrand Brasil, 2019.
        128 p. ; 21 cm.

    ISBN 9788528624380

    1. Poesia brasileira. I. Título.

19-59471   CDD: 869.1
                                                                    CDU: 82-1(81)

Vanessa Mafra Xavier Salgado - Bibliotecária - CRB-7/6644
28/08/2019   05/09/2019

Todos os direitos reservados.
Não é permitida a reprodução total ou parcial desta obra, por quaisquer meios, sem a prévia autorização por escrito da Editora.

Direitos exclusivos de publicação adquiridos pela:
EDITORA BERTRAND BRASIL LTDA.
Rua Argentina, 171 — 2º andar — São Cristóvão
20921-380 — Rio de Janeiro — RJ
Tel.: (0xx21) 2585-2000 — Fax: (0xx21) 2585-2084

Atendimento e venda direta ao leitor:
sac@record.com.br

PARA JOY.
VOCÊ DEU SENTIDO A ESTE LIVRO.

PARA OS HOMENS QUE ENTENDEM QUE O AMOR ESPERA NAS RUÍNAS DO MASCULINO.

PARA AS MULHERES QUE APRENDEM OS LIMITES DO SOFRIMENTO SEM DESISTIR DO AMOR.

O AMOR
PODE NÃO
DAR CERTO,
MAS SÓ ELE
PODE NOS
DAR TUDO

"TE ESCREVO PORQUE DIZER NÃO BASTARIA."

Everton escreve como quem fala, como quem rasga o peito com punhal e joga um golinho de uísque na ferida pra cicatrizar. O que ele escreve fura meu peito a bala, enche minha boca de saliva e palavras e me bota urgente, de pé, em voz alta, pra dar ar pro tanto de sentimento impresso em cada página. Everton faz uma poesia de corpo inteiro, uma poesia que transborda. Escreve com as mãos, os braços, os ombros largos, escreve com as pernas e os pés. A cabeça deve entrar também na dança, mas Everton escreve com o estômago, com os pulmões pulsantes. Um homem despudorado falando de amor em pleno século 21. Um romântico realista, um desbravador intrépido do fundo do mar do amor sem medidas. Ele sabe que o amor morde e assopra, ele sabe muitas coisas. Que "o amor não irá nos salvar", "o amor não nos deve nada", "o amor chove do lado de dentro", "no amor só existe a queda". Mas cê pensa que ele corre? Pois ele mergulha sem máscara. No amor, na poesia. Porque também sabe que "Sempre há a chance de que tudo seja um erro. Mas o erro faz parte da matéria de que é feita a vida".

Este é um livro de poemas que inventa uma prosa. O prosaico e mágico encontro amoroso entre gente falível, passional, destrambelhada, grandiosa, infame e bela. Com versos que nos atravessam, transformando tudo, versos que são cenas — ou filmes de longa-metragem inteirinhos. "Como quem gastou seus anos / Trabalhando em uma joia / Que nunca será usada / Um anel de casamento / Ao avesso." Ou aquele outro fatal sobre separação: "Meu medo / É essa aposentadoria / De sentimentos e romantismos / Que viria / Com o entendimento / De que não será meu / Teu filho / E de que meus braços / Não terão forças / Para levantar uma criança / Que não tenha teus olhos."

A poesia do Everton ganhou livro em 2010, o lindo *Os dentes da delicadeza*. De lá pra cá andou pelas redes, no seu blog "Apesar do céu", de onde se infiltrou na minha vida de um jeito natural e sem volta. A comichão que sua poesia me provoca me fez inúmeras vezes dizer os versos em voz alta, gravar os poemas, postar no Youtube. "Dizendo Everton" é uma série extensa, pra lá de dez poemas. Eu já disse Everton na internet, no palco, em cerimônias de casamento e numa missa de sétimo dia. Teve aquela noite pós pé na bunda em que eu abri o blog dele e passei vinte minutos lendo poemas e chorando, depois mandei o vídeo pro ex-namorado com o título "queria te dizer ainda". Porque, mesmo sendo eu poeta, naquela hora de dor, as palavras do Everton eram as mais precisas. Teve aquela madrugada em que ele me escreveu: "Maria querida, sei que é tarde, mas escrevi um poema agora nesse exato momento e tenho que te mandar... É feito pra você dizer e queria publicar não em texto mas na sua voz." Então eu acordei, passei um batom, liguei a câmera e fui lá dizer "É preciso amar o outro ao ponto de mandá-lo embora". Esse poema que agora mora neste livro. E tantos outros pros quais eu já dei voz, e outros tantos inéditos, novinhos em folha nestas páginas. Eu celebro a sorte grande que é estarmos vivos sobre a Terra ao mesmo tempo, sermos parceiros e amigos, sermos poetas vivos e podermos nos ler em tempo real, e conversar sobre a vida e os versos. E agora celebro a alegria de ler esta poesia que tanto me toca sem precisar de internet, sem telinha, sem botão: Everton papel na minha mão. Na sua. Deleite-se.

Maria Rezende

...

PRÓLOGO

O amor não irá nos salvar
O amor é forte

Mas ainda não é força

O amor não supera nada

O amor só mostra que pode existir o outro lado
Para que você salte sozinho

No vazio íntimo

O amor não é o ponto de partida
Nem o ponto de chegada

O amor é o caminho

E sobre ele
Só anda quem não teme perder de vista

O amor não é para pedir abrigo
O amor chove do lado de dentro

O amor não é suficiente
Para que as pernas se movam

Ele é o motivo
Não é o motor

O amor é um aceno

Quem corre somos nós
Quem precisa ser forte é a carne

Não o amor

Quem precisa vencer as barreiras
São as mãos no exercício do carinho

As palavras na dicção da delicadeza

O amor não justifica nada
O amor é só um vento

Mesmo sendo capaz de mover e revirar
O amor não vai soprar em vão por muito tempo

O amor é muito sutil e muito ingênuo

Quem precisa gritar somos nós
Para multiplicar a voz

O amor não falará uma palavra

Não fará nosso trabalho
Árduo

O amor virá morar conosco
Mas somos nós

Com as mãos vazias
Que devemos construir a casa

O amor não precisa de nós

O amor não nos deve fidelidade
Não nos deve respeito

O amor não nos deve nada

O amor pode ir embora
Quando bem entende

E amar não prende o amor nos dentes

Somos nós
Com nossa pouca imensidão

Que temos de crescer

Nós que só rezamos ao espelho
É que devemos ter fé e doação

O amor

Não é o santo
Nem a oração
Nem o milagre

O amor só aponta o dedo e pergunta da porta:
E agora?

...

Sou apenas um
Entre sete bilhões de humanos

Que existem
Entre outras três milhões de espécies catalogadas

Em um planeta suspenso no nada
Que gira como tantos outros

Em torno de uma estrela

Que é apenas uma entre outras
Cem bilhões de estrelas

Rodeadas de planetas
Flutuando imensamente

Pequena

Entre outros duzentos bilhões de galáxias
Eu não sou nada

E nada do que faço, digo ou escrevo
Importa

E ainda assim creio
Que tudo isso foi feito

Para que eu te encontre

...

Depois de tanto vagar
E tanto trocar de pele

Réptil de sangue quente

Depois de tanto cair
E tão pouco voar

Depois de tanto voltar

Para onde voltava
Pássaro sem instinto

Depois de desencontrar os ossos
Para caber

Depois de tanto doer
E de tão pouco sentir

Depois de tanto sumir
E nunca mais aparecer

Fantasma com ossos para quebrar
Antes do exorcismo

Que padre viria
Por teu espírito

Sem fé no que é eterno

Depois de tanto rezar
Sem saber oração

De tanto ver deus
Ser criado e morrer

Depois de tanto chão
Pisando os pés

Depois de tanto perder o céu e escurecer
Eu encontrei você

...

A facilidade com que nós
Que sabíamos tão pouco

Um do outro

Dividimos uma vida
Em quatro dias

A facilidade
Com que você inventou meu riso

Dente a dente

A facilidade
Com que inventamos intimidade

Em um sofá antigo

Nos primeiros capítulos
De uma série de TV

Que eu nunca voltaria
A ver em outra companhia

A facilidade
Com que eu coube

Todo

No espaço entre teu rosto
E o ombro

Na anatomia do assombro

...

Sinto
Como se todas as palavras que conheço
Te pertencessem

E fosse preciso pedir tua permissão
Para dizer ou pensar

Qualquer coisa

...

Eu não quero
Dar nome para isso

Que acontece sem que seja preciso
Nomear

Não quero chamar
Seu nome em vão

Eu não quero
Prender o que sinto

No sentido
De nenhuma palavra

Que a vida gasta

Com seus filmes
E contos de fadas

Não quero repetir
O que já foi dito

De tantas formas

Por quem já passou
Por nossas portas

O que já dissemos
Antes de eles irem embora

Eu não quero dar nome ao sentimento
Para que ele

Seja o primeiro

A dar nome a si mesmo

...

Será que foram as preces
Que não fiz

Que te trouxeram para mim

Que movimentos imensos
De astros que não vejo

Na órbita limitada dos olhos
Te trouxeram

Que destino

Escrito nessa língua
Em que sou analfabeto

Te pôs perto

Para que eu enxergasse o afeto
Como a aparição

De alguma santa
Que revela segredos a seus eleitos

E esses nunca mais são os mesmos

Que tipo de milagre revirou o tempo
Para que uma mulher

Me fizesse voltar a ter fé

...

Eu te trouxe
Esse medo honesto

Que eu fiz

Com restos de deus
E outras sobras de demolição

Não parece muito
Eu sei

Mas imagine quantos pedaços
Desencontrados foram necessários

Para que eu pudesse
Sem nenhuma prece

Erguer um milagre
Para que ele me salvasse

E assim eu conseguisse
Te trazer tantas coisas bonitas

Que nem eu sabia
Que tinha

■ ■ ■

Entrarei no táxi
Rumo ao aeroporto

E ele vai parar em frente a tua casa

Entregarei o bilhete de embarque
E meu dedo

Tocará a campainha do teu prédio

Entrarei no avião
E o corredor levará ao teu apartamento

Apertarei o cinto
E escutarei teus passos vindo

Ao colocar os pés
Nessa cidade que não é nossa

Você me dará a mão

Ao descer as escadas esperando o motorista
Abrirei a porta do meu carro para que você entre

Entrando no hall de um hotel estranho
Te pedirei um beijo

Largarei a mala
E será sua bolsa

E deitarei na cama sozinho
Ao seu lado

Fecharei os olhos
E por um momento

Estarei onde está meu pensamento

...

São meus por direito
Todos os clichês de amor

É meu o sonho
Flor na lapela

De estar ao lado dela
Vida afora

Que a vida não demora
A passar

São minhas
De agora em diante

Todas as flores
Vermelhas

E são de minha autoria
Todos os bilhetes mal-escritos

Como é bonito
Um bilhete de amor

Ridículo

São minhas
As caixas de chocolate

E as fitas perdidas
Em laços desfeitos

São meus por direito
Todos os suspiros

Embaçando os vidros

É meu o sucesso antigo
Na madrugada do rádio

São meus por direito
Todos os clichês

E só o amor sabe
Por quê

...

O certo
É que temos um ao outro

Esticando os braços
Na altura do tombo

Nós estamos

O tempo passa seu vento
Sobre nosso rosto

E nós somos
Nós menos um ano

Mas estamos

A vida nos testa
E nos atira para todos os lados

E caímos de vez em quando
E nos afogamos

Em nossos próprios sonhos

A vida cotidiana
Nos tortura

Enquanto fazemos nossas economias
De afeto ao meio-dia

O passado
E tudo que os adultos

Marcaram na pele das crianças que fomos

São hoje um exercício consciente
De um sofrimento distante e latente

Um cuida da memória do outro
Para que se cure o presente

Para que seja possível
Atravessar todos esses anos

Nós estamos

...

Às vezes

De tanto medo
De que você me decepcione

Ou engane

Eu me engano
E me decepciono

Em teu nome

...

Não espero que nosso amor
Quebre seus ossos

Para caber em outro corpo
Não vou forçar a reencarnação

Temos nossas próprias
Cores inóspitas

E não pretendemos
Transformar um no outro

Para que ambos se anulem

Eu existo
Para que você exista

E hoje
Nenhum de nós liga

Para o que nos separa
Sem que nos afaste

Não somos metades
Nem a terra prometida

Não somos o que se encaixa
Nem o que se completa

Alguns lugares foram feitos
Para o vazio

E assim ficarão

Somos um encontro
Fundador na vida do outro

Nós
Nos inauguramos

■ ■ ■

Eu queria mesmo
Era ter Marte em Libra

E tudo que isso significa

Uma vela acesa
Em frente a santa Maria

Rogai por nós

Eu queria ter um galho de arruda
E um copo d'água

Na soleira da porta

Eu queria a sagrada oração
A carta celeste

As armas de Jorge

Ser avisado em sonhos
Premonitórios

Ter calafrios
Sexto sentido

Jogar os búzios
Fluidificar a água

Transcender o nada

Eu queria o pai
O filho

E o espírito santo

A remissão dos pecados
Eu queria uma bíblia

Embaixo do braço

Pai
Porque me abandonaste

Eu queria mesmo
A segurança do que é divino

Depois de pagar o dízimo

Mas só conheço
Senhor

Da fé e da vida eterna
Esse amor por ela

...

Não somos
Almas gêmeas

Ela fala com seu anjo
Enquanto eu

Enfio o dedo no nariz de deus

...

Amo
Por princípio

Tudo o que te diz respeito

Amo a fila do banco
Se você esteve

No caixa recentemente

Amo o nome
De uma rua

Porque você
Tem passado por ali

Diariamente

Amo o guarda
Que fez aquela multa

Porque era seu carro

E amo o cadastro
Da sua última consulta

Um papel com sua assinatura
É digno de todo amor que sinto

Amo tudo que torna possível
Levar você comigo

...

Juro amar

E compreender que isso
É não negar teu medo

Ou o que pode atrair teus olhos
Em segredo

Juro admirar tua alegria
E da mesma forma

Tua incapacidade

Você é maior
Justamente no que não pode

Juro amar essas lacunas
E respeitar esse espaço

Onde meus olhos
Não encontrarão respostas

E preencher de amor
Não de lágrimas

O que não entendo

Nem sempre estaremos
E sempre haverá alguém

Para colocar o amor à prova

O amor se renova
No que fazemos

Quando o outro não está vendo

Juro amar
E estar perto

Quando faltar afeto

O mundo não será justo
E tentará de muitas formas

Nos diminuir e maltratar

O mundo não entende
Que duas pessoas existam somente
Uma dentro da outra

Juro amar

No vão entre os cílios
No olhar partido da ausência
Na palavra mais cara

Para que ela
Seja minha assinatura

Neste espaço
Do tamanho de um abraço

Que é a vida

Juro amar
Para que te amando

Nós dois sejamos mais
E tanto

■■■

As mulheres perguntam
Sedentas de beleza

Onde você comprou seu vestido
Sua bolsa

Seus sapatos

Mal sabem elas
Que longe de você

As coisas são belas
Pela metade

...

Quero tocar teu gemido
Pegar com as mãos

Levar à face
Como quem lava o rosto

As duas mãos
Juntas no gozo

Quero levar à boca
Teu gemido

Como quem devora um idioma

Em uma fome de sentido
Quero engolir teu gemido

Mastigar o som
Para saber teu gosto

Preciso levar teu gemido
Comigo

Para que ele seja
Meu abrigo

...

As duas mãos
Batendo no chão com força

Cavando cada vez mais fundo
Na fala

As unhas embrutecidas
A dor contínua

A ansiedade das juntas
Em se manterem adultas

A terra removida da carne

Sonho por sonho
Em um desespero brando

O desterro

Os ossos partidos
Do sentido

O amor sujo de terra
Os joelhos marcados

As duas mãos batendo
Para arrancar a raiva

De cada palavra

Para dizer o que é agudo
Sem que se quebrem os dentes

Os dedos cavando
Dentro da boca

A voz crescendo

É sempre imenso
O que dizemos

Sofrendo

...

Há uma ferida
Na parede

Um buraco

Que já foi pintado
Mas está lá

Pálido

Há uma noite inteira presa
Onde ficou marcado

O mês com mais dias do ano
Sempre será esse dezembro

Você atirou um cinzeiro de vidro
Pesado

Na parede do quarto
Apagando todos os cigarros

Que não falam acesos

E o prédio inteiro calou
Porque falávamos

De amor

...

Sua presença
Arranhou a porta

Como um bicho

Matou o protagonista
De todos os livros

Fez tremer a janela
Como o vento que não era

Choveu na paisagem do quadro

E a mulher, aquela
Pintada

Acabou de pernas abertas
Sozinha na chuva

E parecia você nua
E era minha a culpa

Sua presença
Deixou a luz acesa
A noite inteira

Aproveitou que você não estava

...

Ninguém está vendo

O menino morrendo
Dentro do homem

O homem morrendo
Dentro do velho

O poeta
Morrendo dentro dela

...

O amor

Não precisa de pedidos de perdão
Não entende o que deve ser perdoado

Os fatos não dizem nada
O amor é a ausência de memória

Deixa-se ferir
Não sabe proteger a si

Não reconhece
Quem o corta

E quando reconhece
Não se importa

■■■

Fomos loucos
E rudes um com o outro

Fomos doentes
E derrubamos todas as paredes

Mas nada muda o amor da gente

Nenhum caminhão para em nossa porta
Para levar a mobília embora

Nessa casa mora
O que nos alimenta

E o que nos consola

Um homem
Muitas vezes estúpido

Como todos os outros

Mas capaz de amar
E doer de amor

Como poucos

Uma mulher
Muitas vezes insana

Como outras tantas
Mas capaz

De iluminar
Um vitral de cacos

Com os olhos fartos

Um cão
Sem educação
Como tantos filhotes

Mas capaz de repousar a cabeça
No silêncio da nossa tristeza

Nessa casa
Mora a alegria

Nessa casa
Mora o infinito

Que nos é possível

...

O amor é essa ausência de chão
E de asas

No amor só existe a queda

E essa fé cega
De que o tombo

Há de encontrar céu no outro

...

Tudo bem
Se eu ficar com medo

Desse excesso de riso

Acho que deve estar tudo bem
Se me assustar um pouco

A naturalidade com que passamos
Dos limites um com o outro

...

Ela esmaga com os cílios
Cada uma das quatro letras

Da palavra perfeita

Ela quebra meus dedos
Com seus cabelos

Para que minha mão não escreva
Esse poema

Ela agride o que sinto

Para ter certeza
Da sua presença

Ela deseja estar

Sem entender
Que nunca se ausenta

Tudo que faço
Digo e sinto

Tem sido por ela

Mesmo quando fica irreconhecível
E vocifera

Palavras que nunca
Nasceriam entre suas costelas

Ela
É prisioneira dela

E eu sou seu colega
De cela

...

O amor não foi feito
Para gente

Gente não sabe do amor
Mais que a palavra

E a palavra em si
Não diz nada

Gente

Quando fala em amor
Conta medo

Quando acha que é amor
Sente medo

Quando abraça cheio de amor
É só medo de perder

O amor não foi feito
Para gente

De carne e osso
E pele marcada de tempo

A pele sente tanto medo
Que o amor sai correndo

Dos olhos
Dos poros
Do meio das pernas

O amor não foi feito
Para gente

Que não entende o que sente

...

Doutor
Procure cura
Para a mulher deitada em sua cama

Que muito ela chama
E ninguém responde

E a dor se esconde em seu travesseiro

Mande remédio
Que a menina mesmo desprezada

Luta consigo
Para tirar alívio dos olhos aflitos

Ela não sabe que está doente

E o que sente é o sintoma
Da sua enfermidade

Seu pensamento a morde, doutor
E ela não pode lutar contra isso

Sem perder litros e litros de seu brilho
E ela já brilhou muito

Venha acudir
Que ela se refugia na raiva vazia

E são muitos os perigos
No lugar desconhecido

Onde essa que a prende
Arranca seus dentes e cílios

Não é bonito de ver, doutor
Então venha brevemente

Porque ela
Já está perdendo as forças

De tanto lutar com essa outra
De tantos braços e bocas que rosnam

E ouvidos que inventam e respiram

Não imagino que tipo de medicamento
Pode arrancar alguém de dentro
Sem que esse não se despedace

Em mil partes inúteis como a tarde
Preciso saber, doutor

Se ela sobreviveria sem anestesia
Por favor, mande remédio

Porque é muito sério
Que uma mulher tão linda

Fique fraca e cinza
E que não se perceba mais aquela

Que espera dentro dela

Ela organiza as coisas
Tentando organizar a si mesma

Mas é como um castelo de areia
Vem sempre a onda

Quantas vezes é possível
Começar tudo do início

Será que existe remédio para isso
Quanto sacrifício

Transformar a dor em ofício

Mande quem sabe tratamento
Unguento para seu tormento

Mande um remédio

Preciso curá-la
Porque a amo

E já não posso mais amá-la
Por favor, doutor

Pesquise se a medicina
Já entende

Como se faz nascer gente
De gente adulta

Não há luta mais dura

A vida é uma carnificina
E vai devorar a menina
E morrerá nela

Essa mulher que nunca nasceu

Quantas vezes
Ela correu aos olhos

Para ver lá fora
Encontrar quem passa

Apaixonar um homem

Quantas vezes
Ela desapareceu

Os olhos e a respiração respirando escuridão
O rosto desfigurado

Quanto estrago

Quem já viu
Algo capaz de causar isso a uma pessoa

Não ser capaz
De suportar o amor

Não ser capaz
De suportar a paz

Onde mais posso encontrar
Alívio para ela

Traga remédio, doutor
Que morrer de amor há muito não se usa

E enlouquecer é simples

Não é possível viver assim
Por tempo indefinido

Não é possível
Se perder pelas cores de algo invisível

Me pergunto o que acontece com seus olhos
Buracos negros absurdamente sólidos

Sugando tudo com sua gravidade
Olhos negros de verdade

Mande remédio urgentemente
Para um vulto que arde em febre

Para mantê-la leve
Para que ela desperte suavemente

Para que ainda acorde o amor na gente

...

O meu medo
É deixar de olhar pra ti

Com esse encanto

De quinze anos
De muitos sonhos

De vida inteira pela frente

Meu medo é nunca mais ter
Tanta vida pela frente

Meu medo é aceitar
Que não fomos
Somos ou seremos

E nesse momento
Encher meus olhos de rugas

As costas curvas

A voz atravessando décadas
Em uma única fala

Adeus, amada

Meu medo
É essa aposentadoria
De sentimentos e romantismos

Que viria
Com o entendimento

De que não será meu
Teu filho

E de que meus braços
Não terão forças

Para levantar uma criança
Que não tenha teus olhos

Meu medo é me tornar
Tudo isso que digo

Cheio de orgulho

E que no entanto
Não passa de um sintoma de tua ausência

Quem precisaria ser tão forte
Ter o pensamento tão alto

Tendo você ao lado

A força
Serve para que eu suporte a distância

A altura de pensamento
Serve para que eu entenda a distância

A literatura e os versos
Servem para que eu possa falar sobre a distância

Sem ter que te ligar
Ou aparecer em sua casa diariamente

E assim

Você me enxerga forte
Alto e bonito

No que digo

Sem saber que só cultivo essas coisas todas
Para ter as mãos ocupadas

E que pensarei em ti
Assim que qualquer uma delas

Se distraia

Meu medo é não conseguir dizer
Mais nada

Assim que você parta

...

Poema da morte
E da fome

Poema da miséria nos gestos
Da pobreza nos dedos

Poema do medo

Eu que nunca fui covarde
Tremo inteiro e me assusto

E olho para todos os lados

Como quem não sabe
De onde veio o golpe

A morte sempre chega de surpresa
E tudo morre

Nós sabemos

E mesmo assim não entendo
O corpo não entende
Os órgãos internos não entendem

O espírito, se existisse
Não entenderia

Poema de areia movediça
Engolindo toda estrada

Que leva de mim para o nada

Há pouco eu tinha um destino
De olhar definitivo

Já não tenho

Poema do vício absurdo
E do tremor nas mãos

E da abstinência
Poema drogado e convulsivo

Poema que me torna mínimo
E fraco

Poema doente de afeto

Poema da lágrima
Que implode

Não choro
Estou seco

Poema perdido no tempo
Que não nos demos

Poema da crueldade
E da vilania

Que é matar o amor por asfixia

...

Não importa
Que tenhamos falhado

Tremendamente

Em nos elevarmos
Acima de nós

E do que sentíamos

Talvez pensar
Que poderíamos

Sentir tão alto

Nos permita
Sermos perdoados

Mesmo que tenhamos
Nos desfigurado

E que levem meses

Até podermos
Olhar um nos olhos do outro

Novamente

Mesmo que sejamos estranhos
Ao fazê-lo

Assim mesmo
Não importa

Porque falhamos
Com toda nossa força

E com toda nossa estatura

E não poderíamos
Esperar mais altura

Para nossa queda

Cair também é voar
Ao menos

Por alguns momentos

...

Te escrevo desde dentro da voz rouca

É uma despedida esta palavra: beijo
É uma despedida esta palavra: afeto
É uma despedida esta palavra: agora
É uma despedia este lugar: dentro de ti

Te escrevo desde a beira daquela praia onde nos sujamos
E onde nunca estivemos

Te escrevo desde aquele dia
Em que choramos tanto que não restava alternativa
Que não sorrir

E fomos nos esconder sob a água
Para perder a noção das lágrimas

Mas principalmente
Porque estávamos nus

Te escrevo para me afastar
E cada palavra está em um lugar que nos divide

Fomos esse milagre estático
Que é estar em dois lugares ao mesmo tempo

Te escrevo porque dizer não bastaria

Nunca fomos feitos de voz
Mas de pele e de saliva e de suor
E de vontade de escapar para dentro do outro

E inventar o gozo e a vida

Como se o que acontece em uma cama
Pudesse engolir o mundo embrutecido pelo que sufocamos

Ano após ano

Fomos crianças e fomos a praça onde elas brincaram
E fomos a vida que elas inventaram em sua brincadeira

Nada mais sério do que crianças imitando as vozes dos adultos

Mas já não somos inocentes

Te escrevo desde aquela neblina espessa
De whiskey e vinho e remédios para esquecer

Nunca dormimos naqueles dias
Mesmo com os olhos fechados

Nunca acordamos naqueles dias
Mesmo com os olhos abertos

Mergulhamos nas músicas para que elas nos salvassem
Quando já não sabíamos mais o que dizer

Mergulhamos nas melodias para que elas nos ajudassem a sentir
No meio da convulsão dos sentidos e da história

Já não sabíamos se estávamos vivendo ou inventando
Mas quando a vida não é invenção

Então, não importa

Só era importante o que o corpo repetia
Sem nenhuma dúvida de que estava certo

Os corpos sempre estiveram certos
Nós dois nunca

E mesmo assim, acredito que acertamos

Ao ouvir o corpo
Entender o corpo
Respeitar o corpo
Ceder ao corpo

Porque se a vida toda estava errada
Os corpos estavam certos

E nós deixamos que dissessem tudo

Já eu

Só te digo uma coisa
Escrevendo desde dentro dessa despedida: respira

...

No dia em que você
Foi embora

Uma música
Que era nossa

Desfez suas notas

Uma fraqueza
Que era minha

Ficou exposta

A solidão me tomou
Cada palavra de amor

Um ano inteiro
Se calou

E um pássaro me cobrou
As asas

(eram emprestadas)

...

O desespero desse apartamento
O vazio dos quadros

Se perdendo na memória das paredes
E como amavam

Os quadros apaixonados

As portas agora
Eternamente fechadas

Mesmo estando abertas

As portas
Já não levam a nenhum lugar

A tristeza do closet
Marcado pela mudança repentina

Não estão as roupas
As bolsas
Os sapatos

O espelho quebrado

As prateleiras arrancadas
Os parafusos retirados

E seus buracos ulcerados

A casa se alimenta
Dos restos que ficaram

Um pouco de lenha
Um frasco de remédio
Um grampo de cabelo

Os brinquedos da Cora
Repetindo que ela foi embora

O desespero desse apartamento

Sabendo que tudo ali dentro
Está perdendo o sentido

E logo
Estará fechado e vazio

O desespero desse apartamento
Nos esquecendo

...

Calma, amigo
Não há nada mais perigoso

E infinito
Do que a mulher amada partindo

Sei que ela leva nas caixas
O riso

E deixa o silêncio
Espalhado pelo prédio inteiro

Mas calma

Coloque o coração à frente
Como quem segura uma luz no caminho escuro

E tente não olhar por muito tempo
Em nenhuma direção

Não é a hora

Nem busque as razões
Com tanta pressa

Elas não passam de uma lente de aumento
Para o que já é sofrido

Esse momento
Serve para cuidar dos ferimentos

Evite excitar o sofrimento
Não existem respostas

E seja qual for o motivo
Não fará sentido agora

Tente ficar calmo, amigo
E não leve para o lado pessoal

É só a vida exercendo sua natureza
De seguir em frente

Sem ligar para a gente

...

Se você
Acaba de ficar só

Olhe para si e espere
Calado

Não interrompa o silêncio
Ele é o mundo falando

E é tanto

Não importune sua solidão
Com agendas de telefone

Com mensagens antigas

Elas agora
São uma sala vazia

E uma visita
Seria dolorida e gratuita

Deixe que a solidão se assente
Espere paciente

Que ela encontre seu lugar

Provavelmente
Levará algum tempo

E o primeiro ímpeto
Será buscar abrigo

No primeiro amigo
Que passar a porta

Mas é provável
Que seja inútil

Então
Não faça

Deixe sua solidão descansar

Leve-a
Até a janela

Para que possa ver a rua
E sentir o vento no rosto

A ausência precisa respirar

Pode acontecer
Uma certa vertigem

Pela violência
Com que se impõe

De súbito

Esse novo e amplo espaço
Ao redor de você

É a solidão
O desterro de pés no chão

Não saberá jamais
Se ela o perdeu

Ou você a ela

Mas isso
Já não será importante

Permita que sua solidão
Lhe conte

O que guardava

Enquanto você
Escondia-se dela

Escute atentamente
E seja forte e calmo

E esteja pronto
Para algum choro

Quem sabe uma vontade de deitar
Uma sensação de que é tarde

A solidão sabe seu limite

E não fará nada
Em nome de uma dor deliberada

Entenda sua solidão

Torne seu olhar brando
O gesto leve

Deixe que sua solidão lhe apresente
Finalmente

O que eventualmente
Poderá vir a ser

Você

...

Logo você estará
Mais bonita

Do que esteve comigo

Logo tuas virtudes
Serão mais brilhantes

Do que eram antes

Em poucos dias
Tua alegria

Dirá que te ama
Mais do que dizia

Em minha cama

Logo tuas dores
Parecerão menores

No que meus braços
Já não acolhem

Logo será enorme
Sua fome de vida

E pensará que eu
A distraía

Logo estará cheia
De horas vagas e lágrimas novas

Logo acreditará
Mais do que acredito

Logo fará consigo
Tudo isso

Que faço comigo

...

Esse meu desajeito
Para as coisas do peito

Aprendi a desconfiar
Antes de cada

Bater de asas

Não sei desabotoar as costelas
Só as calças

...

Meus amigos
Ainda estão no banheiro

Cheirando pó
E medo

No bar
Mais um copo

Indo à boca

Na pista de dança
São todos crianças

Esperando para ir pra cama

■■■

Sou eu

O fantasma sentado à mesa
O vulto para o qual acena tua cabeça

Com plena certeza
E não vê nada

Pois sou eu esse nada
No entanto presente

Sou eu
Que você pressente

Era eu caminhando na estrada
Enquanto teu carro passava

Sou eu o fantasma

Que abandona seu corpo
Para viver em um punhado de palavras

...

Saudade é estar sempre
Lado a lado

Com o que nos foi tirado

■■■

A colher toca a sopa
O aroma chama lembranças

Hoje não há amor
Só fome

...

Um dia
Uma voz aflita

Dirá teu nome
Escondida em minha própria voz

Que some

Teu nome
Como o calor da tua mão

Teu nome
Como a boca no seio

Um dia
Minha vida frágil

Precisará te chamar
Para que um velho

Em seu último segundo

Rejuvenesça seu rosto
Lembrando teu gosto

...

Como se dá isso
De não sentir nada

E saber que é dor

Como quem gastou seus anos
Trabalhando em uma joia

Que nunca será usada

Um anel de casamento
Ao avesso

Como acontece isso
De tentar mover as palavras

E elas

Ao menor sinal da fala
Tornarem-se tão pesadas

...

Amar assim

Com delicado desejo
De que tudo se quebre

...

Um cabo de guerra
Com o pensamento

De um lado
Um verso para ler

Do outro, você

...

Neste momento

Te esquecer
Não me é permitido

Sob pena
De suicídio

...

Era em teu perfume
Que eu entrava com força

Muito mais duro
Cada vez mais fundo

Era esse cheiro
Que eu perseguia com o beijo

Por teu corpo adentro
Com a língua

E você tremia
Um gemido espesso

Segurando meus cabelos

Mas era o cheiro dela
Pintando em ti

Que eu precisava sentir

...

Não ria
Da minha agonia

É ridícula
Mas é minha

...

Não sei bem
Quem era ela

Nem onde estivera
Antes

De me colocar inteiro
Na boca

E me tornar
Seu idioma

...

Não serei
Aquele que te dirá

Em uma manhã de terça-feira

Que deveríamos
Aproveitar o surto de gripe

E ficar na cama

No calor de uma desculpa
Pura

Não serei aquele

Que perderá a hora
Para buscar os filhos na escola

Não serei aquele que volta
Mais tarde do que deveria

Te deixando acordada e aflita

E ainda mais brava
Porque isso mostra

Acima de tudo
O quanto você se importa

Não serei aquele

Que adora te ver irritada
Aquele que adora te ver

E mais nada

Não serei aquele
Que jogará a toalha

Molhada sobre a cama

Nem serei aquele
Que comemora

O primeiro beijo
A qualquer momento

Não serei
Porque não nos conheceremos

...

O amor foi feito
Para nos contradizermos

Desaparece
Mas nunca se ausenta

Desintegra-se
Para provar sua existência

Partiremos do amor
Sempre contrários

Na intenção mais sincera
De achá-lo

...

A vontade que eu tinha
Era sacudir o colega de trabalho

E contar

Palavra por palavra
O que tínhamos conversado

Queria abrir a janela
E ao ver o advogado

Debruçado
Fumando no andar de baixo

Correr pelas escadas
Sentar à sua porta

E contar calmamente
Que nos falamos novamente

E você
Aparentemente ainda me amava

E amava mais
A cada palavra

Tive vontade de sair
E obrigar o guardador de carros

O único que conheço
Dono de um Astra vermelho

A sentar no banco ao lado
E ouvir nossa história

Até que limpasse os olhos
Com sua flanela

Ao ver que você
Batera à porta

E assim me trazia de volta

Quis que o senhor
De olhar perdido
No sinal fechado

Desligasse o carro
E me ouvisse

E que ele
Nunca mais ficasse triste

Queria que o porteiro de casa
Largasse a mangueira

Ou tocasse água para cima
Como em um desses comercias de margarina

Porque lembramos
De ter uma família

Queria que minha vizinha de porta
Chamasse o marido

Que foi embora

Para que eles me dissessem
O quanto entendiam

Como era raro
E bonito

Mesmo sendo
Impossível

...

Te amo

Com toda a gana
Das mãos

Vazias

Te amo mais do que deveria
E é claro que sinto tua falta

Te amo como nunca mais amaria

E é óbvio
Que estou bêbado

E quem está falando
Esse amor todo

É uma garrafa
De whiskey
Sem gelo

Afinal

Quem mais
Confessaria

Tanto

Sem a inocência
Dos doze anos

...

Me espanto
Ao ver que com um único pensamento

Eu te invento

...

Ela estenderia o braço
Para que descansem meus defeitos

Ela olharia
Minha cor doída

Como uma doença da beleza

E por isso uma bênção
E não um fardo

Ela perceberia
Que algo se agita

Sob minha pele

E por isso
Sou urgente

E combustível

Ela veria
Em tudo isso

Motivos para estar comigo

...

Saudade
De verdade

É um cisco
No pensamento

Que o outro
Não sopra

■ ■ ■

Se não fosse amor
Eu já teria

Parado de escrever

Tantos

Poemas te chamando

...

Como eu queria te ver um dia
Contar da alegria

Do choro contido
Do perigo

De viver
Inteiro e sentido

Não precisaria resposta
Só um olhar

De calçada
Depois da chuva

...

Eu inventaria
Toda sua família se pudesse

Criaria um primo
Para que me contasse

O quanto você era linda
Quando menina

E como sente até hoje
Teu cheiro

De quem vai para a escola
Com os cabelos molhados

Eu criaria sua mãe
Para vê-la plena de você

E ver os olhos que ela
Imaginava para a filha

E como era bonita essa menina
Que ela sonhava

Eu inventaria seu pai
Para que ficasse lá fora

Ansioso e tolo
E ele me entenderia completamente

Eu inventaria todos
Para que você

Rodeada por tanta gente
Que criei pra ti

Nunca quisesse partir

...

Minhas ilusões de amor
Essas que hoje se espalham

Na invenção da memória

Perdidas pela cidade
Na gaveta de alguém

Em um papel de presente
Em uma rolha de vinho

Perdidas neste livro

Minhas pequenas ilusões
De amor

Hoje
Me fazem tanta falta

Essas pequenas pedras
De matéria sutil

Minhas ilusões

Que vêm em ecos
Escondidas em músicas

Que escuto sem querer
Na rua

Minhas ilusões
Desqualificadas pelo clichê

Ao chamar assim

Ilusões

Mas eram minhas
Eu as amava

E era tão bonito
O que faziam comigo

...

Amar o vento
É entender que não sabemos

Quando se aproxima
Nem por que termina

Amar o vento

É declarar-se ao invisível
Sem saber se está sendo ouvido

E não ver nenhum mal
Nisso

O amor
Quando precisa ser dito

Nem sempre
Precisa ser ouvido

O amor
Sempre tem o direito
De existir em si mesmo

Amar o vento

É nunca tentar contê-lo
É saber usá-lo

Para inflar as velas

Saber ir aos remos
Quando o perdemos

Amar o vento

É saber guardar para sempre
A lembrança

Da tarde mais quente
Em que ele soprou mais forte

E espantou a morte
E a morte é o tédio

E o tédio
É o contrário do vento

Amar o vento

É amar o movimento
Entender o ritmo das árvores

E o verde em sua música
Amar o vento

É saber dizer adeus
Às nuvens

É abrir mão dos seus desenhos
Para nunca perdê-los

...

Se hoje
Consigo ser puro

É porque já estive sujo

Já fui vil e mau
E provoquei dores enormes

Se hoje carrego o afeto

É porque já matei e morri
Em muitos corpos

Decompostos sob minha pele

Se hoje consigo
Ser puro

É porque já afoguei meus pés
No escuro

...

É preciso
Amar o outro

Ao ponto de mandá-lo
Embora

É preciso amar o outro
E não o que ele lhe causa

Quem ama o amor do outro
Não está amando

Quem ama o prazer que sente
Não está amando

Quem ama o gozo
Que emana do outro

Não está amando

Quem ama no outro
Suas próprias qualidades

Não ama nem a metade

Quem ama os defeitos que o outro
perdoa

Não ama
Se confessa

Quem ama
Por promessa

Não tem fé

Quem ama por decreto
Nunca ama certo

Quem ama a vaidade
Que o outro lhe devolve

Acreditará que ama enorme

Quem ama o que o outro
Absorve

Se julga forte
E ama doente

Quem ama a fraqueza do outro
Pelo gozo do cuidado

Ama sua bondade
Não ao outro

Quem ama tudo o que entrega
Ama sua generosidade

E isso é bonito
Mesmo não sendo amor de verdade

Quem ama mais do que pode
Ama o excesso

E o que isto custa

E por isso ama
Ter essa carta na manga

Quem ama
Mentindo a si mesmo

Ama a imagem que inventa
E tudo que ela representa

Quem ama sem que o outro queira
Ama ao contrário

A vontade alheia

Quem diz que ama
O tempo inteiro

Ama o som de sua voz

Quem ama a sós
Sabendo disso

Ama a solidão
Em sua fidelidade

Quem ama o que o outro
Não reparte

Ama sua pouca sorte
E se orgulha dela

Quem ama a fidelidade
Ama a ideia

De controlar o sexo

E com o sexo a vida
E com a vida o tempo

E nada nos afasta mais do amor
Do que ser deus

Só ama de verdade
Quem ama o outro

Até quando o outro
Parte

...

EPÍLOGO

CARTA ABERTA AO MEDO DE AMAR

Sempre há a chance de que tudo seja um erro. Mas o erro faz parte da matéria de que é feita a vida. Tudo pode ser uma loucura mesmo.

O coração tem olhos frágeis. E inventa o horizonte para onde os aponta. Às vezes se engana. É cego e analfabeto. E às vezes nem vinha do peito o que nos soprava coisas no ouvido. Nos sentidos.

Acontece, eu sei. Já vi.

Do amor, seus filhos e parentes eu sei tudo o que é possível. E isso é entender que pouco sabemos. O amor é um mistério tão grande quanto o universo.

Mas o amor é meu ofício desde que me entendo homem. O amor é meu lugar no mundo. Já fui amado mais do que qualquer um nessa terra. Com devoção honesta. Com dor e sacrifício. Com loucura e vício. Com prazer de perder o céu e o chão. De encontrar deus.

Marquei a ferro muitas vidas. E fui marcado na mesma medida. Com dor e trauma e destruição. Com felicidade de despertar a inveja do paraíso.

O amor é tudo isso.

E multiplica seu sentido assim que o descobrimos. Já amei mais do que poderia supor qualquer possibilidade, sanidade ou autopreservação.

Eu não me preservo. Eu já morri de amor.

Eu sou louco e queimo até que não sobre nada além das cinzas. E dessas cinzas, eu tiro força e energia para sair do que sobrou da fogueira com um diamante no peito. Eu não tenho medo. E teria todos os motivos para tê-lo. Ainda caminho sobre a terra arrasada. Mas tenho certeza que serei sempre mais forte quando deixá-la. Eu já perdi tudo. Fiquei sem nada no mundo. Sem nenhum pertence.

Por amor.

Se alguém tem motivos para correr na direção contrária, sou eu. Mas eu não corro. Poderia ser o primeiro a ficar torcendo por uma chance de voltar atrás. De correr para um lugar seguro. De voltar para a zona de conforto. Mas onde é a zona de conforto quando se está amando?

O amor só é conforto depois que ele próprio olha para você e percebe o quanto está entregue e vulnerável. O quanto é incapaz de se defender. O quanto não quer se proteger enquanto atravessa as dúvidas e a angústia. Para descobrir o que há do outro lado. O amor é sempre um lugar onde a gente nunca esteve. O amor inventa dentes assustadores e sorri com eles. Só para ver se temos coragem de entrar em sua boca. E só então beber seu beijo.

O amor não é para os fracos. O amor não é para quem morre de medo. Para quem precisa estar no comando. O amor é a própria ordem. Por isso, até os planos são supérfluos nesse momento. O amor muda os polos e com eles o sentido das bússolas. O amor se apossa da casa. Troca a fechadura.

Eu entendo quem foge. Eu entendo que o amor fique mais raro e assustador na medida em que avançamos neste século de apaixonados pelo espelho. Entendo que menos pessoas o reconheçam. Ou que simplesmente não se importem. E que não achem valer a pena assumir os riscos. Pagar o preço.

Provavelmente não vale.

Eu entendo quem se preserva. Quem se protege. Quem escolhe o lugar seguro. Eu entendo.

E quem sou eu para dizer que estão errados? Não sou exemplo senão de que amor não mata. Na maior parte das vezes. Só tenho a meu favor o que dizem meus olhos.

Mas quem se arriscaria para vê-los de perto? Eu entendo quem vira as costas. Quem dá de ombros. O amor é o quarto e é a rua. Ao mesmo tempo. E é claro que tudo fica mais fácil sem o amor.

O amor é um saco e só atrapalha o que estava certo e calmo. O amor é um cão dos diabos, já dizia o velho poeta bêbado com um pássaro azul no peito.

O amor pode não dar certo. Mas só ele pode nos dar tudo.

Este livro foi composto nas tipologias
ARS Maquette Pro e Druk Web,
e impresso em papel offwhite no
Sistema Cameron da Divisão Gráfica
da Distribuidora Record.